Engendrar lo desconocido

Engendrar lo desconocido

Asnay Berrayarza Riscart

Ediciones Laponia
Houston, TX
2019

Copyright © 2019 Asnay Berrayarza Riscart
Todos los derechos reservados.
Título: Engendrar lo desconocido
Autora: Asnay Berrayarza Riscart
Corrección y edición: Whigman Montoya Deler
Jorge Venereo Tamayo

Diseño de portada y contraportada: Jorge Venereo Tamayo
Foto de portada de Alexander Krivitskiy

Todos los derechos reservados. Publicado en los Estados Unidos de América por Ediciones Laponia, LLC. Prohibida la reproducción total o parcial de este libro sin autorización previa del autor.

Información de catalogación de publicaciones disponible en la Biblioteca del Congreso de los Estados Unidos.
LCCN # 2019950513

ISBN: 1-7339540-4-X
ISBN-13: 978-1-7339540-4-4

info@edicioneslaponia.com

www.edicioneslaponia.com

Made in USA, 2019

ÍNDICE

Prólogo 9
Alter Ego 15
Mi viejo sillón de mimbre 16
Ilusión de un café 18
Tatuajes 20
Desafío 21
Química cuántica 23
Árbol genealógico 24
I 27
Sentencias/ 10:12 am 28
La conquista de Andrómeda 30
Encarnación 32
Deuda Pendiente 33
Principio del fin 35
El faro 36
Grito desde el silencio 38
Impulsos 40
Soñando con mis sentidos 42
Libertad 44
Lluvia 46
Opera prima 48

Antifaz 51

Miedos confundidos 53

Paper Rings 55

Too much is never enough............................57

La mar..59

La sombra..61

Prólogo

Rara vez me ha resultado tan cuesta arriba escribir sobre un cuaderno de versos que ha de ser publicado después. Y no porque la autora sea mi amiga personal -que lo es-, ni porque el texto me gusta -que me gusta, ni porque haya estado involucrado en su formación —que lo estuve-, sino porque es primera vez que se me concede el privilegio, a mis cincuenta y tantos, de involucrarme en la literatura que ahora mismo están escribiendo los más jóvenes, llamados a descabezar y/o renovar la que ejecutamos nosotros. En fin, se trata de dos autores vivos, en su más amplio sentido de la palabra, con intereses y estéticas coyunturales bien distintos, y el más viejo tiene que responder por el más joven.

Nunca me atrevería a decir, por cariño, que *este es el libro que anuncia una nueva era... etc., etc., etc.* Ya existe un sólido parque de bibliografía tanto activa como pasiva, que demuestra con creces que estos autores del 2000 dominan un mundo y un discurso bien sólidos. Cuentan a su favor casi todos con una formación profesional y una necesidad expresivas tan bien identificadas y asumidas que deja fuera de toda cuestión el asunto que si son una realidad o no. ENGENDRAR LO DESCONOCIDO, viene entonces a colocarse al lado, no al margen ni al amparo, de este movimiento que, por derecho propio le corresponde con sus particularidades y sus marcas bien definidas, pero estables y saludables. Y ahí es donde quería detenerme.

En otra parte escribí que todo intento de escribir un cuaderno de versos, presupone un afán por comunicar a los demás un grupo de cosas como ningún otro ser humano lo hiciera antes. La autora de ENGENDRAR LO DESCONOCIDO no renuncia a ello, más bien lo anuncia desde el título mismo, de la victoria o el fracaso en este empeño depende el éxito del libro. A mi modo de ver, su gestión sobre el papel es valedera y justifica con creces el esfuerzo.

Estamos ahora mismo, en presencia de un libro que, aun cuando hace suyas todas las marcas y símbolos generacionales, no renuncia a crear y recrear las suyas propias, de manera que no realiza concesiones ni le teme a cargar con sus pecados originales. Los ojos de la mujer moderna se posan con una madurez infinita sobre la realidad circundante y no aspiran a dinamizarla ni a dinamitarlas, simplemente la enuncian, no intenta rebelarse, sino a convivir en paz con ella, la acepta, pero no aplaude.

Hay grandes zonas de intimidad en este libro donde la autora pone en manos del presunto consumidor sus demonios y sus principios. Sin embargo, un lector bien entrenado puede advertir sin muchos espavientos a una muchacha más que suspira. A una muchacha más que, *como en la sala de un cine, mira su vida pasar.*

Asnay Berrayarza tiene de su lado al tiempo y lo sabe, pero no lo desaprovecha. Escribe y lo hace con una madurez sorprendente acerca de **toda la mierda que le tocó vivir**... no se lamenta ni evade: nombra las cosas y se juega el pellejo en el intento de nombrarlas *como nunca otro ser humano lo hiciera antes*, a esto también pudiéramos llamarlo ¨lenguaje poético bien asumido¨, yo prefiero sencillamente ¨poesía¨. Del éxito o el fracaso en estos avatares, solo puede dar fe el lector. Muy buena suerte entonces.

Jorge Luis Mederos Betancor
(Veleta)
Santa Clara, 1963

Si mis poemas todos se perdiesen
la pequeña verdad que en ellos brilla
permanecería igual en alguna piedra gris
junto al agua, o en una verde yerba.

Si los poemas todos se perdiesen
el fuego seguiría nombrándolos sin fin
limpios de toda escoria, y la eterna poesía
volvería bramando, otra vez, con las albas.

Fina García Marruz

ENGENDRAR LO DESCONOCIDO

Alter Ego

Ni la muerte puede derribar esta casa
ni aparecidos de mis ancestros
Volaré de tu imagen tantas noches por mí traspasada
en siglos de mi existencia
y desplegaré mis alas al vacío
Beberé de esta sangre ofrecida a mis dioses tan lejanos
y luego haré un pacto con tu ausencia
    para que no vuelvas…
            viva.

Mi viejo sillón de mimbre

Descansa tirado en una esquina de la sala

Dice mi madre que sobrevivió a tantas batallas como
[Napoleón
la de pistolas de agua
y las series nacionales de béisbol

Ahora solo cuenta el aburrimiento de la soledad
de la ignorancia
absurdas miradas que lo abandonan una y otra vez

Antes era querido y codiciado
nada como la juventud
los primeros balanceos

ENGENDRAR LO DESCONOCIDO

sujetar a la niña y prepararla para el encuentro con
[angelitos

Ahora duerme junto a la pared
aguanta entre sollozos
y piensa que al sostener la loma de ladrillos
tendrá su vida sentido
no verá el río correr
la basura acumulársele encima
o avivar las llamas con su tallado cuerpo

No hay justicia en este mundo, mi Dios…

Ilusión de un café

> *« (…) para quienes aman
> el tiempo es eternidad.»*
> **William Shakespeare**

Mi cuerpo yace en una burbuja
espío a todos, son tontos, o locos
o no me perciben

Dice mi amigo que el amor
es una maldición
  o una mentira
ilusión que por minutos
nos hace tener sentido

No me inciten más a esconder las pupilas
pedir un deseo
no mengüen esta fuerza que me hace respirar
muchas veces caer

ENGENDRAR LO DESCONOCIDO

Seguiré observando a quienes me ignoran
la protagonista de esta obra soy yo
y velo cada segundo las tramoyas
para que no bajen el telón

Escucho el aplauso
estruendo de sillas reclinadas
todos toman café
      yo no existo.

Tatuajes

Cargo tu firma tatuada al alma
rastro permanente que plaga mi cuerpo
Cobran vida a minutos
al instante se vuelven polvo en mi espalda
y los muslos
quién sabe si en tu boca alguna vez

Nadas, vuelas
y hecha ceniza vuelves como el ave que me incinera el
[dorso

Te borro
me esfuerzo en tu epitafio
pero regresas con el sueño
      una rapsodia
           nuevas tintas
y el vaivén del mar.

ENGENDRAR LO DESCONOCIDO

Desafío

> «Dijiste que eras la Vida.
> No su amo.
> También Tú estás solo.
> También Tú.»
> **Fina García Marruz**
> **También Tú**

Los fantasmas
sombras del pasado que no me dejan
lluvia amarga de sentimientos
recuerdos que me ahogan…

Este martes puedo *ser*
al menos transformar mi presencia
Ser invisible a mis semejantes
Y que mi voz se intercale y confunda en el silencio de
[la noche

ASNAY BERRAYARZA RISCART

Un roce mío no es más que la interrupción
cuando apenas he comenzado la lectura

No quiero saber de tus sueños
los míos yacen ahorcados en el roble del Gólgota

En el aire dejo tu aroma
mis imágenes no reales de este mundo absorto en
[mentiras

Camino sobre una soga
miro el precipicio
y no le temo.

ENGENDRAR LO DESCONOCIDO

Química cuántica

Mi cordura roza con la demencia de alguien que no
[conozco
O decir **pudiera** me contagia
con la insanidad de aquellos que apenas llenan mi
[espacio

Estas paredes las confundo con el cielo
el asfalto, las gentes
igual
no dejan de truncar mis ideas
esas miradas pensé que eran mías
pero supe frente al espejo
que no poseo nada.

Árbol genealógico

> «*Yo soy el que ahora está cantando*
> *Seré mañana el misterioso, el muerto,*
> *El morador de un mágico y desierto*
> *Orbe sin antes ni después ni cuándo (…)*
> *Quiero (…)*
> *Ser para siempre; pero no haber sido.*»
> **Jorge Luis Borges**

Una vez tuve una familia
pero llegó el invierno

Mi padre murió de un infarto mientras soñaba conmigo
Osun cayó al piso
Ibae beyentunu qui tin belese Olodumare Oshá
                                            [Nirú
Poco recuerdo de él
su imagen se ha distorsionado y hoy solo queda una
                                          [palabra:

ENGENDRAR LO DESCONOCIDO

perdón
no recuerdo lo que iba a escribir

Mi madre se aventuró y comparte sus días con un
[cubano radicado en España
o un español asentado en Cuba
desconozco la forma correcta para describirlo
El caso es que la mujer fue hecha del hombre
Y al hombre no le desagrada tomarlo con ventaja

Mi hermano es un poco de todo
y bastante de nada
16 años mayor y nunca ha muerto
aunque pienso cuando deje de existir no entregará su
[alma

Mi casa es vieja
Cada ladrillo se sublevará un día de tantas historias
[vividas

ASNAY BERRAYARZA RISCART

y tomará su propio camino
Ni el cimiento de lo terreno quedó exento
de toda la mierda que me tocó vivir.

ENGENDRAR LO DESCONOCIDO

I

Apenas comienza el día
y ya termina el año

Permanezco en la misma mesa
en la misma esquina
donde nadie me ve

Pego mi nariz a los cristales
y así te veo
con mis ojos casi nublados
y mis manos resbalando por el material sólido

Te vislumbro muy cerca
pero estás lejos; muy lejos de todos

Y lo prefiero así.

ASNAY BERRAYARZA RISCART

Sentencias/ 10:12 am

> «Mi triste corazón babea a popa, (…)
> sobre él arrojan escupitajos,
> mi triste corazón babea a popa:
> bajo las burlas de la tropa
> que suelta una risotada general,
> mi triste corazón babea a popa,
> ¡mi corazón lleno de tabaco!»
> **Arthur Rimbaud**

Puedo volar tocando la superficie de una ola
con el evidente temor al escrutinio de lo voraz y lo
[profundo
Temo al azul oscuro del agua
pero me aferro a mi miedo
es la incapacidad de saberme menos

Caminaba, pero mis pasos nunca fueron a la inversa
Nunca me pareció más distante el trayecto de todos los
[días

ENGENDRAR LO DESCONOCIDO

Falta el aire, mi pecho apretado
y mis manos a chorros se desgastan
Me irradia una esperanza
pero me confunde la posibilidad del *no*

Me aterró la respuesta de su rostro
y la voz no era ya una nana a mis oídos

Ahora soy la cobarde
la que no respeta sentencias ajenas
ni se doblega a la falsa apariencia de la decisión
Pero antes vestí mi armadura
afilé la espada y se ajustó a mi talle

Por un momento fui Juana de Arco
y como ella tampoco gané el combate
pero el hedor de mi sangre no riega estos campos
[abandonados
ni mis cenizas balancean el viento

Otra vez el café manchó mis notas.

ASNAY BERRAYARZA RISCART

La conquista de Andrómeda

> «... me ha agitado el Amor los sentidos
> como en el monte se arroja a los pinos el viento.»
> «... yo te buscaba y llegaste,
> y has refrescado mi alma que ardía de ausencia.»
> **Safo de Lesbos**

La mirada fija en el horizonte azulado del techo

El pensamiento no descansa
tu rostro se encarga de mantener viva la imaginación
Saboreo estos labios como dulce resaca
del encuentro desesperado de nuestras bocas
Mi cuerpo añora tu roce
descubrirlo por vez primera
Y *qué puedo hacer*
ahora *mis deseos son dobles*

ENGENDRAR LO DESCONOCIDO

Te regalaré un duende y una brisa
mi par de *CONVERSE* ya viejos
y un libro sin carátula que dejé en una mesa de café
cada paso que doy en esta vida
ya no mía
y una dedicatoria que jamás borrarás

El techo sigue ahí
inmóvil y descolorido

Ya me invadiste.

Encarnación

La vida no me permite reverencias

Conocerte es saber sobre partes desconocidas de mí
navegante fugaz de un Nautilus profundo
y que ya no es NADIE
sino Tú
errante a mis entrañas

Tendrás que cargar conmigo
como el de *Notre Dame* con su joroba
Jesús con su Evangelio
o yo con mi destino de vivir esta juventud
viendo cómo me pierdes

Traspasa mis errores de otras vidas
y los de esta centuria por terminar
espero el Vahalla con regocijo.

ENGENDRAR LO DESCONOCIDO

Deuda Pendiente

Este es nuestro campo de batalla

Alguien debe morir

Con un tridente colgaré tus miembros del primer árbol
y luego declamaré un poema por tu ausencia

No importa si te resistes a mi arrebato
ya la victoria exige embriagarse con el whisky guardado
[para la ocasión

No es trascendente la arrogancia
y menos el desdén a la vida que demanda sacrificios

ASNAY BERRAYARZA RISCART

No quiero que nadie conozca mi nombre
como no debería conocerse la firma de quien escribe
                              [tus líneas
o tu mundo

Adiós al misterio y la incógnita
a la duda de quienes me quieren herir

Nada me impedirá robarte el aliento.

ENGENDRAR LO DESCONOCIDO

Principio del fin

> « (…) *Amo mucho las puestas de sol. (…)*
> *Un día vi ponerse el sol ¡cuarenta y tres veces!*
> *… cuando uno está triste quiere ver las puestas de sol…*»
> **El Principito**

Una vez quise ver el amanecer

Descubrí un misterio irrepetible en su escondite
como quien juega con niños luego de las tareas y la
[escuela

Cambia de colores como la ficción
mientras cada rayo deja su huella sobre mí

Ya no había Fénix ni dialéctica de cambios y espirales

Me sentí, entonces, triste
Moriría con el primer rayo de sol.

El faro

A Hna. Ana Elena.
Siervas de San José todas,
por el mar y el desierto.

Navego un mar de arena
los oasis son escasos
   no los veo
pero sigo un rumbo perdido
      sin brújula

Me dijeron que luego de tanto bregar encontraré tierra
sucumbo a los vientos
olas inmensas como *craken*
tormentas tan perdidas como yo
se pierden
     yo sobrevivo
A lo lejos veo una luz
     una silueta
         otra ola

ENGENDRAR LO DESCONOCIDO

Abba, Abba, Abba
dame la mano y sostenme
guárdame en tu regazo y pasaré el peligro en tus brazos
tú pegado a mí
o compartiendo el tiempo

No necesito aventurarme a tu mar
o mi desierto
eres mi señal escondida.

ASNAY BERRAYARZA RISCART

Grito desde el silencio

La luz se refleja en los charcos
no importa si el agua es de fosa
continúa la claridad inundando el caos

Esta noche es diferente
descubrí en una acera la soledad
ellos no me quieren
pero debo conquistar la Vía Láctea
y no escucho una voz

¿Seré una guerrera
una cobarde
o simplemente una guerrera que teme?

En cada piedra que tropiezo busco sentido
y no encuentro más que vacío

ENGENDRAR LO DESCONOCIDO

laberintos sin salida
el hambre que carcome huesos e ilusiones

Dejo en mi piel rastros del maltrato
y mi alma agoniza de ignorancia
todo enmudece
mi grito es más fuerte desde el silencio

La luna ha sido mi única cómplice
compartimos el privilegio de la soledad
entiende mis clamores en una noche que solo llora
[rocío

Siento la derrota
y los credos de quienes me conocían
nunca supieron mis temores
La madrugada es mi escenario
el alma cala hasta la sombra
sentirá el frío y mi confidencia nuevamente
de tu ausencia impuesta.

Impulsos

Vive peligrosamente
salta al vacío
traga en seco
róbale al tiempo segundos
préstale historias
y sé tú misma

Le grand jeté
    es ese aliento de vida que pide tu historia
        el impulso que necesitas para
           C
              A
                 M
                    I
                       N
                          A
                             R

ENGENDRAR LO DESCONOCIDO

y el anhelo liberador de cuerdas que te hacen parecer
[marioneta

Un giro y otro
Salta
caes
en pie nuevamente
rompe las nubes
el tejado y la rutina
nunca mi corazón mutilado
Te espero al otro lado del río
donde luego de mojar mis pasos
encontré un pensamiento volátil y lejano
como tú misma

Al irradiarme la claridad
acerté mi memoria perdida.

ASNAY BERRAYARZA RISCART

Soñando con mis sentidos

La taza de café era blanca
ahora tiene impregnada una marca de labios
sello imborrable de mi pertenencia

La pequeña cuchara
luego de medir tres raciones de azúcar
está a la derecha del aza
como sabueso que aguarda la orden del amo
inmóvil

El sabor de la negra bebida abraza mi boca
desde mis labios hasta mi estómago
Saboreo el veneno que apenas me inunda
y suplico volver a tener un sorbo
que enjuague mis sentidos
sobre todo esta conciencia

ENGENDRAR LO DESCONOCIDO

mi carácter

Mi amigo se despide apresurado
el tiempo también se agotó
solo existe en mis sueños
                la cafeína.

Libertad

> «*La libertad sin pan,*
> *es una flor sobre un cadáver*»
> **Pedro Casaldáliga**
> *A Troy Perry*

Ayer desperté
vi tu silueta a mi lado izquierdo de la cama
hundiendo cada muelle sometido
mientras plegaba mi única sábana remendada
el vacío te sustituyó hoy
no te culpo
    a mi fantasía

Abrazo a esta que dejaste
soledad
cruel ella
me brinda una opción cortante al horizonte
una mentira con solución
hace segundos la intercambié a un cadáver

ENGENDRAR LO DESCONOCIDO

por una voz

        una presencia

                una cruz

Otra vez
te me escapas de las manos.

Lluvia

A Matanzas,
Al tiempo.

Miro a través de la transparencia
pequeñas garrapatas se pegan a mi ventana
sin color
muchas formas
y ninguna

Caen como los cabellos
      en charcos
           el techo de los carros
y las calles desiertas

Todos huimos
le tememos
como al coco
      las alturas
          o la gelatina

ENGENDRAR LO DESCONOCIDO

Prefiere mantener distancia de mí
Aún pienso en el camino que dejé atrás
Tus puentes me esperan.

ASNAY BERRAYARZA RISCART

Opera prima

«Invade tiernamente la mudez de unos labios
y una intención de pétalos me afana.
La vida late en mí, junto a la muerte
lírica, delicada.
Feliz círculo mago, fuente de mi abandono,
que se evade: mujer, poema, brío, luz, gracia.»
Cintio Vitier

Llegaba con la luz de la luna
la marea oceánica estaba en su límite
Todos habían ido a dormir
mis padres y los vecinos
hasta el viejo borracho del barrio
sólo las lechuzas como testigo

ENGENDRAR LO DESCONOCIDO

Hablaba bajo
de temas subversivos y llevar la contraria a las normas

susurraba en mi cuello palabras capciosas
hacía mi piel gimiera y mis órganos tomaran voz propia
no llegué a reconocerme

No era bueno desear lo prohibido

Tomó la decisión por mí
casi se traga mi voz
aprovechó mi lengua presa en su aliento
y mis músculos estaban rígidos como soga tensada

No escuchaba canciones de Simone
ni leía filosofía feminista
el vaivén del tren me ayudó
rail tras rail disimulé su mirada
fue en vano
    todo… en vano

ASNAY BERRAYARZA RISCART

Era más que un beso
Fue su declaración de deseo
    mi piel tostada

como si fuera un ramo de flores
        terminé aceptándolo

Hace ocho años que no sé de ella
    aunque cada noche duerme   a
        en   m
            mi   a
                c

ENGENDRAR LO DESCONOCIDO

Antifaz

Azótame con la vergüenza
con la pena de mi desnudez

Préstame tu rostro
y ata con furia las tiritas sobre mi cabellera
bebamos de este vino de setenta hindúes
y dejemos que los cuerpos se acomoden solos

Corre el sudor como las manecillas del reloj
tu pensamiento apuntala mis senos
y en un suspiro se nos va la vida
el alma al desnudo
como los cuerpos

Todos miran
no escapo a la reflexión inquisidora

ASNAY BERRAYARZA RISCART

en la puerta dejo mi máscara
                      mi piel
                              mi vestido
Aún no soy yo.

ENGENDRAR LO DESCONOCIDO

Miedos confundidos

Yo era una niña con guitarra
Inventaba el tiempo y el espacio
las matemáticas
y hasta una amiga negra de tela
con botones por ojos
pero yo usaba gafas para leer

Dios tenía mi edad
y jugaba a ponerlo en una camita de paja
lo engañaba con cajitas de fósforos envueltas
pero vacías
de paso le pedía una bicicleta por reyes
y unos botones cafés para mi amiga,
creo era justo
en cada cumple le regalaban cofres con oro
aun cuando estuviera rodeado de vacas

ASNAY BERRAYARZA RISCART

Ay mi madre!
Mi madre no puede escuchar que dije esa palabra
me dirá con el ceño muy fruncido que la policía nos
[vendrá a buscar

Y por eso crecí con más miedo a la poli
que a Dios
Jesús siempre me perdonaba
los otros no.

ENGENDRAR LO DESCONOCIDO

Paper Rings

Reposa sobre la madera vieja de la mesa
en el extremo izquierdo
donde se hace costumbre encontrar al comején
Su destino es sublime
aún lo desconoce

El primo Alexei erró al torcerla
por eso tiene tantos dobleces como la tía Carmen
un ala quedó más larga que otra
pero conozco gente con el mismo defecto en los pies
y andan

Se dio cuenta que su tanque de combustible
                              [permanecía vacío
su vida sería más corta que un planeo a campo abierto

ASNAY BERRAYARZA RISCART

Jason inspiró y brotó de su oxígeno caliente dentro del
[aeroplano
así mismo sopló Dios sobre Adán y realizó un milagro
se preparó para despegar
y comenzó a surcar el cielo como mariposa

Efímero, inconstante y pulcro como la belleza misma
Solo segundos de lo que todos ansían tener
la gracia de ser le fue dada a una hoja para escribir
se convirtió en avión
una ilusión apenas de papel.

ENGENDRAR LO DESCONOCIDO

Too much is never enough

> *¿Quién es más responsable que una gaviota*
> *que ha encontrado y que persigue un significado,*
> *un fin más alto para la vida?*
> *¡(…) ahora tenemos una razón para vivir;*
> *para aprender, para descubrir;*
> *para ser libres!*
>
> **Juan Salvador Gaviota**

He sido atrevida
Intrépida
capaz de todo
de violentar reglas y saltar muros
mirar al frente doblegando mi voluntad de fiarme de mi
[espalda
zambullirme entre rocas
no ahogarme en el mar
sin embargo
mi voz no enmudece

ASNAY BERRAYARZA RISCART

He ido más allá de límites impuestos
sentimientos prohibidos
miradas con tendencia al error
pero nunca es demasiado
too much is never enough

Cada día sobrevuelo un mar bravío
y me abalanzo a los acantilados
mis plumas de ave suicida
se desprenden de mi cuerpo
nunca regresan
queda mi alma expuesta a todos
como esa vez sin quererlo convirtió agua en vino

Fui testigo del destierro
la insolencia
        necedad
la sequía y la victoria brutal
pago prostituto al polvo y la sangre que me fundieron
Mi desplome en picada no termina
        pero hacia las nubes.

ENGENDRAR LO DESCONOCIDO

La mar

> *«No avanza siempre la ola*
> *Retrocede, para embestir con más fuerza (…)»*
> **Fina García Marruz**

La mar juega con las nubes
  viene hacia mí
     corriendo como el viento
mientras alerta a todos con un golpe y ensordecedores
                                            [ruidos

Soy apenas alguien entre sus brazos
el indomable vaivén hace que a veces le tema
nunca supe jugar "pesado"
   y ahora
      como mis primos en otra época
se lleva -la mar-

ASNAY BERRAYARZA RISCART

hasta el sillón que había dejado la abuela

En pequeños flashes fotográficos
calderos
    sartenes
        e ilusiones
veo perecer ahogados
   en una espuma traicionera que renace
           de caricias

Solo puedo gritarle
    ¡Basta!
Me responde seriamente blasfemando en su nombre
        IRMA

ENGENDRAR LO DESCONOCIDO

La sombra

Este reflejo oscuro lo pedí prestado a un farol
no es perfecto como el que me brinda la luna
lo sé
pero al menos jugaré a hechizar
no tengo atuendos que me expongan
la hojarasca nunca funciona cuando quieres ser creíble

Por momentos coincidimos en los pasos
la mayoría de las veces disiente de mis decisiones
el camino diferente le domina como a la invariable Pi
es un poco complicada
por eso la poseo
insisto me distinga de los otros
imita a Cefas en más de tres ocasiones y ningún gallo
[canta

ASNAY BERRAYARZA RISCART

el orgullo y el miedo son más fuertes que el sentido de
[pertenencia

La imbécil de mi pasado también aparece
resurge de la muerte
y se torna fantasma
hasta ser la sombra de mi propia sombra
de mi vida
      esta hora en que fracaso

Testaruda, nunca cambia
no depende siquiera de un quinqué moribundo
se mueve
      traspasa
           rompe todo y no importa
solo encarnar
      sobrevivir

Hoy tomé una decisión
voy a hacer trizas la lámpara
esa misma que rompe mi soledad
   ...
      y cuando salga el sol?

Engendrar lo desconocido
de Asnay Berrayarza Riscart, concluyó su proceso editorial
en septiembre de 2019 en la ciudad de Houston, Texas,
Estados Unidos de América.

Otros títulos de Ediciones Laponia

www.edicioneslaponia.com

www.ingramcontent.com/pod-product-compliance
Lightning Source LLC
Chambersburg PA
CBHW060506080526
44584CB00015B/1564